古圖象文字藝術

司馬　序

　　人類雖說得天獨厚，成為三才之一，萬物之靈，在佛家所謂的「有情世界」中，惟一具有高度文化基性的生物，在人類之外，萬物都順遂著生化、演化、進化的法則而生存繁衍的，唯獨人類能憑藉精密的頭腦和萬能的雙手，產生了獨立自主的「人文」。

　　在極遙遠的人文發展初期，所流存的盡為一些「神話性」的傳言，因為早在文字創發之前，人們的基本訊息傳遞多靠極簡單的原始語音、語態，加之手勢、動作、表情，作為傳遞因素。人文創發伊始，可謂萬苦而千辛。由結繩紀事到石刻銘世、到圖騰而繼世，這些形象與圖形，可稱為文字的原母，我們民族中，古代文字的演進過程雖十分繁複，但也都順乎自然，合乎「流變不居」之理，但古人所創發的「圖形」並非單一性的文字，而是一組一組的「生活意象」，經深入觀察，著意摹想，便覺出其中「巧妙無窮、引人入勝」了。

　　一心追本溯源的古文字研究學者，總得先握有研究的「基本資料」，而這類資料的率先取得者，往往為「考古人類學家」，他們恒以「昇天入地求之遍」的精神，到處尋覓，發現與挖掘，甚至在江河深處撈取，找到甲骨、金石或流落在世間的鐘鼎，使研究者「有形可拓、有物可研」，凡有「圖形」的，即使是一鱗半爪的斷片，也已如獲至寶了。

　　先秦期之後，研究「圖形文字」的專家學者，代有其人，質言之，當圖形轉為籀篆之前，由於音義不能作「標準化的固定」，尚不能逕視為「文字」。當文字成為超時空的符號紀錄，並將其和歷史緊密連接為一體時，方能為「文化」一詞取得最適切的定義，誠如古所云：「人文化成」或謂「文成而光化」，文字的紀錄功能，大矣哉！

　　王心怡女士這個名字，對社會大眾言，可能極為陌生，但對文字學界、書法學界諸多尊長先進而言，她卻是一朵極為優異的奇葩。

　　這位出生在台灣彰化鹿港的寶島姑娘，竟在年紀很輕的時刻，就和民族古圖形文字結下了終生殊勝的因緣。當她進入令人迷幻的圖形世界時，她既無充份的專業知識，又無顯赫的學歷根基，別人視此種冷門玩意乃是一座火坑，但她卻義無反顧的跳了進去，要做一隻「浴火重生」的鳳凰。

　　這許多年來，她不停的奔走海內外，以虛懷若谷的心胸，求教於各方師長先進，專心向學，克復萬難，離群獨居在她命名為「養性齋」的工作室裏，幾近二十年，嘔心瀝血的沉浸在工作中，始終無怨無悔，誠可謂：「情有獨鍾圖形字，情到深處無怨尤」了。

　　俗云：「世上無難事，只怕有心人」，王心怡女士耗盡春華，終於編著出一部史所鮮見的大書來，書名為《商周圖形文字編》，這部大書，蒐羅了海內外現存於世的絕大多數圖形文字拓片，王心怡依拓片之內容，將其逐一歸類，這些拓片發現的地點不同、時間不同，同一個圖形符號，在書寫方法和形態上也各有參差，她便採用了逐一描摹而取法乎中的態度，寫出了圖形文字的最「標準」字形來，刊於篇首。

　　一般文字型的字典或詞典編輯，均為明其典，釋其義的考證工作，與「創作」無關，但針對「圖形文字」編輯而言，臨摹拓片而擇其中，已充滿了再創作的意涵，王心怡在多年編輯過程中，一面學習描摹，一面不自覺的全部身心盡行投入，百端舉意，肆意描形，她的崇古、戀古、入古的心胸已表露無遺，因而達成取精用宏的藝術成份。

　　總而言之，《商周圖形文字編》出版後，奠定了它舉世公認的價值和崇高的學術地位，近年來，王心怡更在圖形文字的書法藝術上痛下功夫，出版了《古圖象文字藝術》一書，並由中央研究史語所，特地為她舉辦了她的創作個展，我應邀出席，面對那許多琳瑯滿目的作品，真正享受了一場極美的盛宴，她的書法之美並非美在表象的筆劃，而是美在她與天地共呼吸的純稚心靈，一筆一劃都盡顯出她獨有的「生命的風華」！

　　心怡走在艱困的人生道路上，她從沒掩飾過她貧寒的家境，更無顯赫的學歷，只靠著她堅忍的意志；她從年青至今沒有真正的休息過、玩過，可說把她一生青春的歲月與時間，多用在工作以及圖形文字編輯上；忍著渾身的病痛，她之所以沉迷於圖形文字的創法與研究，重點：「在於當年她窮途末路時，被社會局列為低收入戶輔助的雨露之恩，因此她發願，取之於社會用之於社會；於是常存在她內心裏有著一份回饋社會的心」；這才是真正在背後一直支持她的偉大力量也。她常說能做義工很幸福，更沒想到竟能以「圖形文字藝術」這一條路來回饋社會與民族；因此她更珍惜的，想要把傳統的圖形文字，用各種立體傳播方式，流佈到世界各國去，使世界人類都能夠品味華夏民族文字的奇妙光華，她此種仁慈的胸懷，不禁讓人肅然起敬，自然想起潘琦君大姐曾在作品中引用的古人詩來，那是：「但願我心春常滿，須念世上苦人多」。

　　最近傳播界極力稱譽她是「海峽兩岸的一大奇人」，我這浮愚老朽之人，倒也覺得頗有同感，奇人二字，心怡足可當之無愧也。　是為序。

2010初夏司馬中原寫於台北市

鍾　序

　　我退休前與謝清俊教授共同主持一個與金文有關的計劃。這期間在謝教授介紹下認識了心怡小姐。當時最大的驚奇是觀賞了她的金文書法作品。尤其是「族徽」與「圖形文字」功力甚深，深得其中精妙。本人雖小時臨摹過法帖，之後對書法卻不甚親近。小篆與金文是書法中的大項，個人覺得其難度頗高。心怡小姐有心走上此項書法藝術令人佩服。

　　今天從《古圖象文字藝術》書中，可以發現心怡小姐走出了臨摹的路子，賦於金文新的生命。她的新作，展現在斗方、扇面、對聯、吉祥語、成語、詩詞上；創作的質材擴充到陶藝、雕塑、手工藝等，有了新的變化與布局。這種創新是心怡小姐的才華另一次成功的蛻變。我們欣賞之餘，更高興另一種境界被開創出來。

民國99年夏季史語所鍾柏生序

季　序

　　心怡開始聽我的課，已是十幾年前的事了。在師大，每一兩年，總會有一兩個完全不同世界的人跑來旁聽，我也總沒放在心上，要聽就由他們吧！大部分的旁聽者會在一兩個月之後失蹤，如蜻蜓點水、蝴蝶穿花。過後，水仍是水、花仍是花，校園仍舊是校園，開學、上課、考試、放假。

　　過了幾年，心怡仍在我的課堂上旁聽，毅力非比尋常，我教授的文字學、甲骨、金文等相關的課程全旁聽完了。又過了幾年，心怡開始寫金文族徽，漸漸博得了一些識者的欣賞與好評。不過，我總覺得她的古文字學功力不夠，仍沒放在心上。

　　心怡寫金文族徽，有問題都會跑來問我，不管早晚，有問題電話拿起來就問，我也很有耐心的為她解惑。漸漸的，她的識字能力越來越好、對古文字的瞭解也越來越深。又過了幾年，她跑到北京師大去上課，做了王寧老師的學生，並從北大高明先生等執經請益，程度確實越來越好了。

　　回台後，心怡覺得每次寫金文族徽都要翻書檢字，頗為不便，想要把所有的商周金文族徽彙為一編，我雖然同意她去做，但總覺得難度很高，我估計，過一陣子她就會知難而退，因此也沒放在心上。

　　心怡憑藉著過人的毅力，把種種困難一關一關的渡過，我身為待問解惑者，看著她渡過種種難關，心中也頗為感動。金文族徽編成為書之後，心怡的族徽書法作品開始真正進入成熟期。因為她已經可以完全深入理解族徽在說什麼，三千年前書手的心靈與她開始對話，這時候她寫的族徽是活的。

　　心怡能有今天的成績，得之於很多專家的幫助；這些專家學者應該都是和我一樣，被她的誠心與毅力所感動，因此樂於協助她。史語所藝廊也為她開放展廳，辦了一場頗為成功的展覽。這些作品加上之前的精華，彙為一編，既所以志其古文字之學習，亦所以見其書藝之成長，更所以呈顯諸師長對她的指導與愛護。

　　本書的作品，心怡在創作時都會徵詢我的意見，其內容，多取自聖賢之經典、雋永之詩詞；其文字多為人生奮發之砥勵，與生活陶冶之小品。除了是心怡一生奮鬥的映照之外，也可以帶給讀者不少啟發與寧靜。這也是我樂於為她寫序的原因之一。

九十九年六月　季旭昇序於台北

李　序

　　三代吉金兩周為盛，郁郁乎文哉。文字而外，復有圖形，或謂族徽，各擅勝場，或兼兩美，猗與盛矣。惜乎下至兩漢，郡國雖於山川得鼎彝，而人多不識，許氏說文亦未及之。

　　有唐李陽冰刊定說文，學者或譏其「頗排斥許氏，自為肊說」，然其據以改秦篆之失者，當有古文字，非盡向壁虛造，是則已導研究之先路。及至兩宋，蔚為風氣，集古之作大興，洎乎清代而極盛。字學而外，兼出筆墨者，吳愙齋為最著；其後續有作者，為藝苑別開生面。

　　心怡雅愛吉金文字，尤重其圖形，畫成其物，隨體詰詘者，又不只象形一端而已。臨寫不輟，幾至發憤忘食，退筆成塚。陽明先生云：「凡學之不勤者，必其志之尚未篤也。」心怡之勤確謙抑，其篤志為何如耶。今舉所作就教於雅正，余既樂觀其成，因綴數言，以誌其功不唐捐。

　　　　　　　　　　庚寅穀雨後日李宗焜謹記於中央研究院史語所

自　序

　　書法是中國獨步世界的一種藝術，從甲骨文剛勁的刀筆、商周銅器上渾厚凝重的金文、戰國時代飄逸靈動的簡牘文字，秦漢以後歷代名家輩出的書法家名作，每一篇作品都讓人驚艷。書法，真是歷三千年而彌新的國粹，令人珍愛、令人醉迷！

　　心怡自幼熱愛書畫，曾涉獵過素描、水彩、油畫、國畫及各體書法，但最沈迷的是小篆，臨池摹寫，樂此不疲。其後至師大旁聽甲骨、金文等課程，乃知由小篆上推籀文，而西周金文時代即與籀文相當，因而開始對金文產生興趣。其中，又以圖形文字最讓人醉心。

　　銅器圖形文字，或稱族徽，多半為商周銅器器主之族氏名，故其字體尤其復古保守，保存象形意味最濃。心怡於反覆摹挲之中，彷彿進入時光隧道，與三千年前之書家心靈相通，氣息相接，朝夕臨摹，時有廢寢忘餐之樂。

　　臨之既久，益覺所學不足，因而從師大文字學專家許錟輝教授學習說文、季旭昇教授學習古文字、美學大師蔣勳教授學習美術史，也經常到師大人文教育研究中心進修書畫藝術課程；又至北京師大參加漢字學高級研討班及藝術學院書法系，從北大古文字專家高明教授、北師大說文大師王寧教授、書法大師啟功教授、秦永龍教授、倪文東教授請益學習，於是漸知古文字宮牆之高。

　　於臨摹書寫之際，深感圖形文字散見各器，學者考釋又眾說紛紜，書法界臨摹極為不便，因而發願將散見於萬餘件銅器中之圖形文字一一整理，參酌學者之考釋，經由高明教授、王寧教授、季旭昇教授、杜忠誥教授之指導，於2007年由文物出版社出版《商周圖形文字編》，2009年台南鳳凰文物中心出版前書之普及版《古代圖形文字藝術》。各界頗有好評。

　　在台創作期間，蒙中研院資訊所謝清俊教授厚愛，將拙作45幅刊登於中研院資訊所文獻處理實驗室網站；國家數位典藏通訊2003年第二卷第一期起四年間陸續刊登拙作48幅。2010年5月12日至7月16日，於中研院史語藝廊「古圖象文字藝術展」展出拙作87件。本書即為以上二書及中研院展出之成果，部分作品與時俱進，略有修正。

　　圖形文字既為書法藝術，又保有濃厚之象形意味，與圖畫相通，故需兼通書法與繪畫二門。書畫同源，心怡曾學習過書畫，故希望將此二者結合，

產生「書中有畫，畫中有書」亦字亦畫的自然美，與欣賞者一起進入先民初造文字的心靈。拙作亦引用一些現代吉祥語、成語、詩詞、長短句..等大家耳熟能詳的句子，藉由書法、文字畫、篆刻、陶藝、燈飾、珠寶等創作媒材加以創新，將古圖形文字與當代文化創意產業及多元藝術創作結合，盼能與現代文化及生活藝術接軌，使之再度發光。

　　感謝中研院史語所黃進興所長、陳昭容教授、黃銘崇教授、蔡長培教授以及楊永寶、蘇素雲、莊德明、趙苑曲、吳良斌、蕭巨杰、張金好、康世浩、蔡漁、徐明豐、楊湘蓁等多位老師的協助幫忙；尤其感謝國父紀念館曾副館長提議要我把這次展出作品出成集子，也感謝數位典藏與學習電子報總編輯李宗焜教授、司馬中原教授、鍾柏生教授、季旭昇教授幫我寫序。感謝臺灣中央研究院歷史語言研究所、中央研究院資訊科學研究所、國家數位典藏通訊、織谷公司、北星圖書公司全體同仁及臺灣大潤發流通事業股份有限公司商品處等多方面幫助與支持，特別感恩我母親及家人無怨無悔的付出與扶持。最後，我將更努力耕耘藝術這畝田，回饋給愛我，關心我的人。

　　本人才疏學淺，雖長焚膏苦學，又經學者專家不吝指導，但限於個人資質愚蒙，書中難免有不足之處，誠望各界學者、專家不吝賜正！

庚寅仲夏王心怡於台北養性齋

目　錄／書畫類(卷軸、連屏、對聯、斗方、扇面&圓形、篆刻、水墨&水彩、版畫)

古圖象文字藝術

目 錄／應用藝術類（燈、陶瓷、珠寶、、、等）

書畫類

卷軸、連屏、對聯、斗方、扇面&圓形、篆刻、水墨&水彩、版畫

　　每一個漢字都是一部文化史，一部史詩；更是一個完整的生命體。文字本身會自證，不需要旁證，尤其是古圖形文字更能表現生命內函的宇宙能量，讓筋骨氣血運行，將象形文字的趣味性發輝到「淋漓盡致」，使我們對於古聖先賢造字的偉大精神，讚嘆不已。

　　以下是我的一幅拙作，也是北大高明教授提議的創作點子，這是一幅完整生命成長的軌跡做為故事，同時也借物象形為【萬物萬事在天地間生生不息】的自然法則。故事如下：

　　一個（女）人借由（眉）目傳情，得到大家的（祝）福與祈禱，找到一個好的歸宿，成為人（妻）做為家庭主（婦）持家，一開始要學的就是（包）容，象徵這是一個起點，如同胚胎在母體內未成形，慢慢（孕）在母體內，成長為一個完整的新生命，急著要看外面的新世界，迫使母親在百般無奈的痛苦掙扎中將孩兒生（毓）出來，成為人（母），也在自然的環境下，三天後便有豐沛的（乳）汁來餵嬰兒，這時嬰（兒）頭部的囟門未合，母親百般的照顧，手抱幼兒（保）護孩兒，揹著襁褓中的幼兒，在肉體上的辛苦躍然紙上，但心靈卻覺得很美（好），就在母愛呵護的照顧下，孩子會（坐），牙（齒）長出來了，會站（立）、會（走）、會跑（奔）；慢慢（長大）。鬍鬚（髭）也長出來了，青少年時就開始叛（逆）、打（鬥）、做（夢），隔天起來又開始（握手）（打球）重新（交朋）友；這時更懂事了；已是二十歲加冠的成年人（夫），更懂得禮節，也學習一些技（藝）、技術、研究等有益的事，接著、（旅遊）、遊學等，相對；經濟也較穩定，所以交友、交際、請客等聯誼活動如：提著酒（尊）宴（饗）賓客，吃飯（飲）酒、跳（舞），娛樂來助興，用餐之後，客人走了，（既）便打（埽）、沐（浴）、（休）息；『其實這裏的休息還有另外一種含意存在，就是要修身養性、清淨內心』，但在自然的規律下，還是無情的進入晚年，人也（老）了所以整個體力精力不足，又缺乏運動，漸漸的身體出現（疾）病，慢慢走入（死）亡，但人往生後得到善報其身體也產生變（化）而成為神（仙）。

生生不息　　138X45CM

百福圖

崇羲歲王心怡

百福圖　139X55CM

4

臨商小臣艅尊
王心怡

小臣艅犀尊　109X35CM
丁巳王省夔京 王賜小臣俞夔貝唯
王來征人方唯王十祀又五肜日

5

般若波羅蜜多心經　五蘊皆空　度一切苦厄　舍利子　色不異空　空不異色　色即是空　空即是色（篆書作品）

般若波羅蜜多心經　庚寅仲春
崇義王心怡敬書

般若波羅蜜多心經　　　　　　57X132CM

觀自在菩薩　行深般若波羅蜜多時　照見五蘊皆空　度一切苦厄　舍利子　色不異空　空不異色　色即是空　　空即是色
受想行識　亦復如是　舍利子　是諸法空相　不生不滅　不垢不淨　不增不減　是故空中無色　　無受想行識　無眼耳鼻舌身意
無色聲香味觸法　無眼界　乃至無意識界　無無明　亦無無明盡　乃至無老死　亦無老死盡　無苦集滅道　無智亦無得
以無所得故　菩提薩埵　依般若波羅蜜多故　心無罣礙　無罣礙故　　無有恐怖　遠離顛倒夢想　究竟涅盤　三世諸佛
依般若波羅蜜多故　得阿耨多羅三藐三菩提　　故知般若波羅蜜多　是大神咒　是大明咒　是無上咒　是無等等咒　能除一切苦
真實不虛　故說般若波羅蜜多咒　即說咒曰　揭諦揭諦　波羅揭諦　波羅僧揭諦　菩提薩婆訶

丁輔之集詩　68X33CM

南風四月麥登初　為圃為農我不如
更望田禾占大有　年豐歲樂眾維魚

董作賓詩畫集　68X33CM

東邊日出西邊雨　一鳥不鳴山更幽
白下門東春已老　今來風雨又維舟

海內存知己
天涯若比鄰　69x33CM

水清魚讀月
山靜鳥合音　67x33CM

老子三十五章　137X34CM

執大象　天下往　往而不害　安平太
樂與餌　過客止　道之出口　淡乎其無味
視之不足見　聽之不足聞　用之不可既

老子四十五章　137X34CM

大成若缺　其用不弊　大盈若沖　其用不窮
大直若屈　大巧若拙　大辯若訥
躁勝寒　靜勝熱　清靜為天下正

9

鳥書帶鈎　崇義　王心怡

鳥書帶鈎　105x41CM

冊復毋反毋往毋悔不汲於利民產
又敬不擇貴戔宜曲則曲宜植則直

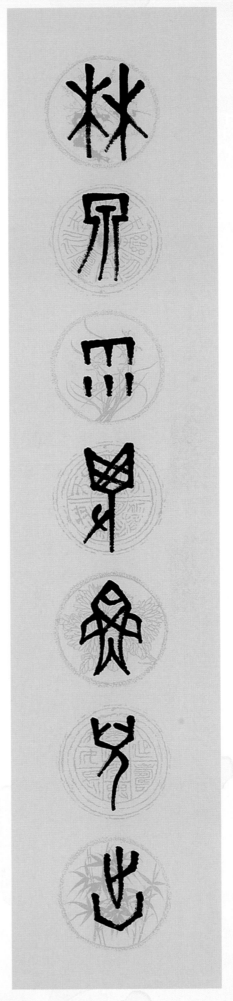

林泉雨畢魚兒出　圃囿風穌燕子來　　100X23CM

崇義王心怡於養性齋

魚在深泉鳥在雲　從來只得影相親　　131x33CM

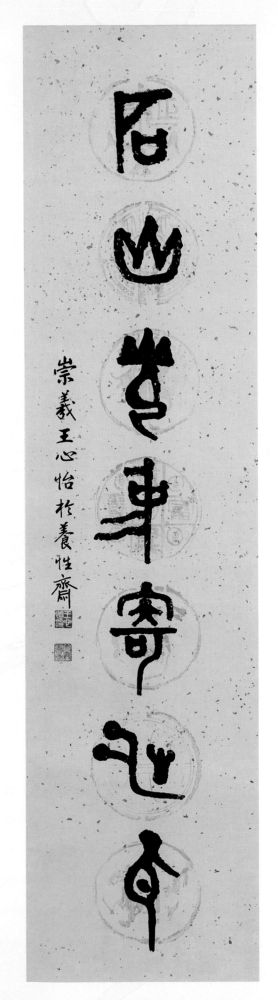

崇義王心怡於養性齋

蝸牛角上爭何事　石火光中寄此身　　131x32CM

三十功名塵與土　八千里路雲和月　　131x33CM

蟬噪林逾(愈)靜　鳥鳴山更幽　110x23CM

王心怡

格物致知　45x13CM

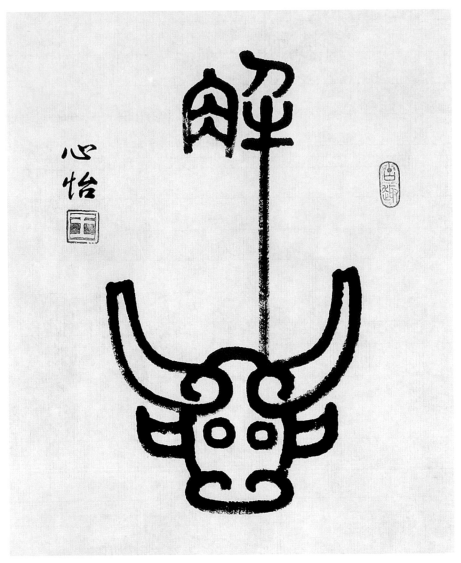

解牛　49X35CM

道法自然　38X38CM

崇義　王心怡

中庸之道　39x32CM

母愛　35x42CM

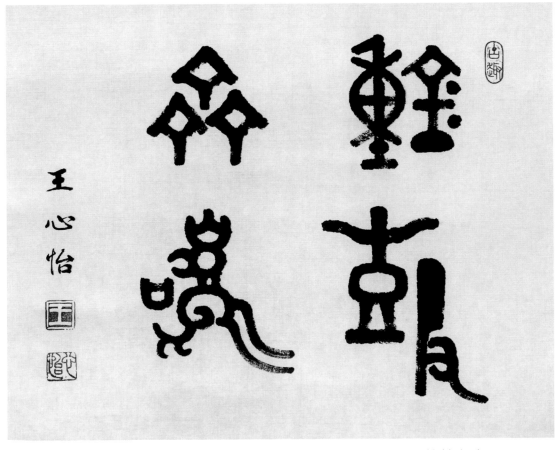

鐘鼓齊鳴　37x43CM

暮鼓晨鐘　61x28CM
（初稿原刊數位典藏）

鳴鶴在陰　其子和之　50x32CM

己且父己卣　45x30CM

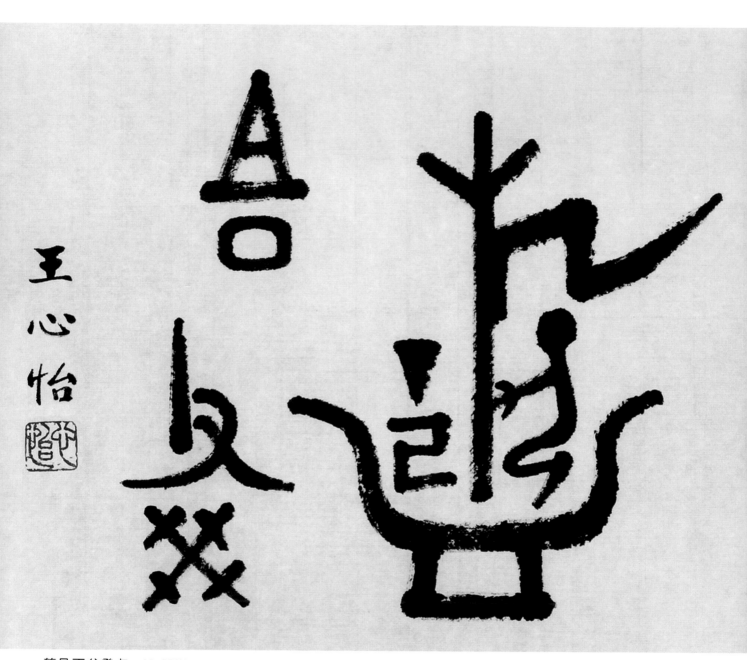

篡且丁父癸卣　39x35CM

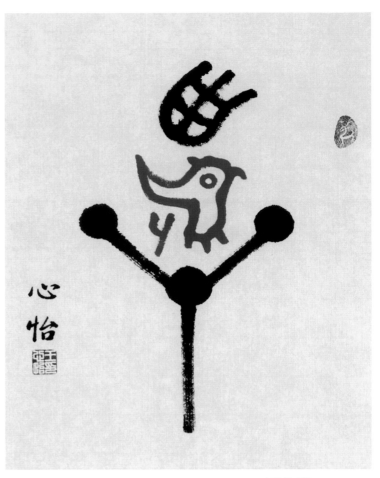

西隻單　36x28CM

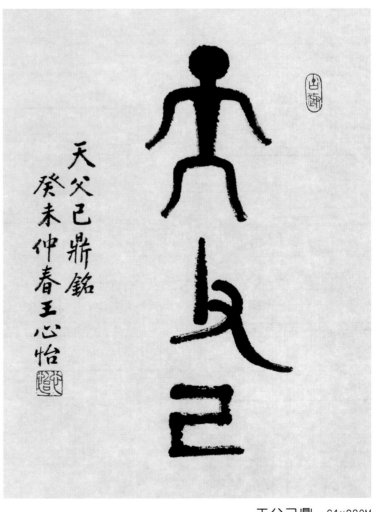

天父己鼎　61x28CM

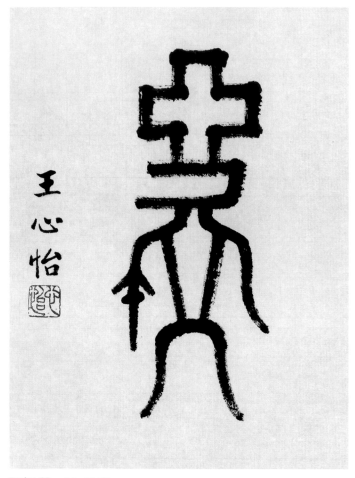

亞矣斝　38x29CM

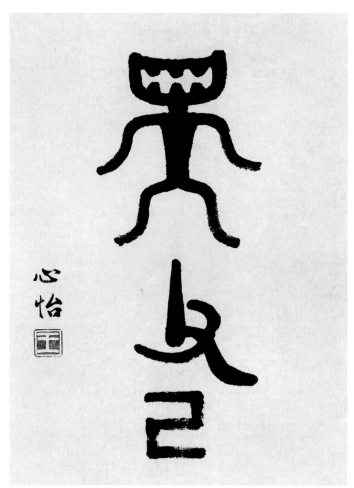

齒父己鬲　36x28CM

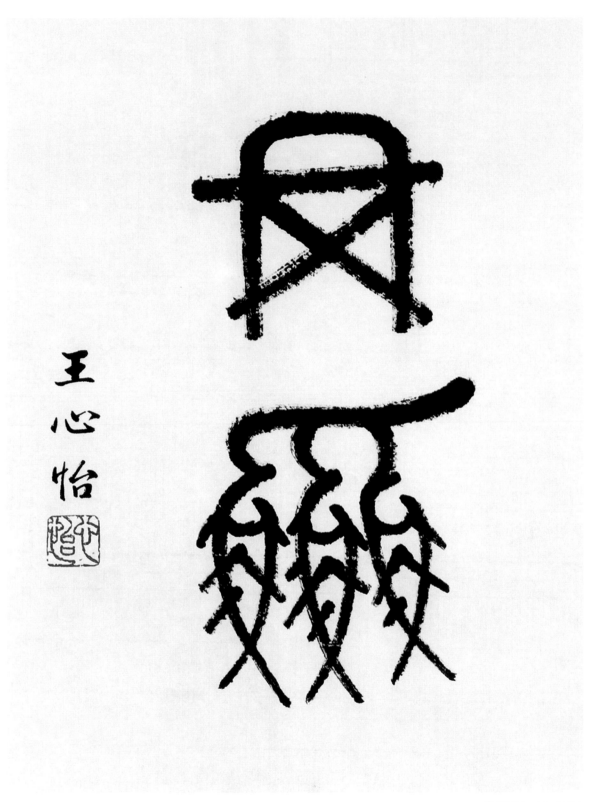

王心怡

魚鹽盉 36x28CM

燮且癸尊　　36x28CM

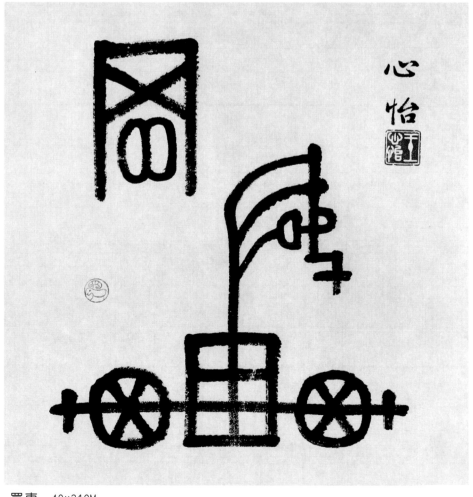

買車　40x31CM

蟲丫父丁　45x32CM

天黿冊父癸卣　46x31CM

耤冊父丁觶　47x31CM

亞羣父丁器　43x33CM

玄婦方罍銘　35x32CM

婦鳳　46x31CM

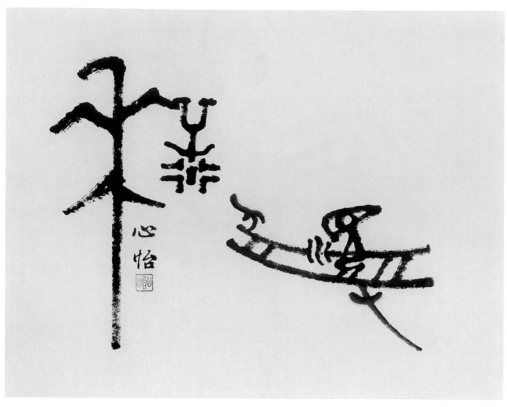

逆來順受　33x27CM

如日中天　26x32CM
（初稿原刊數位典藏）

月魚几　27x27CM

飲水思源　29x38CM

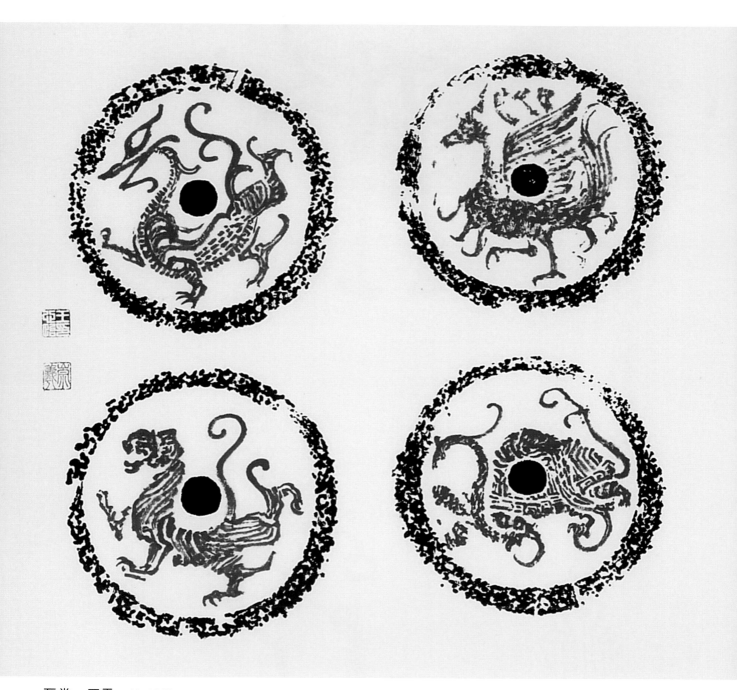

瓦當　四靈　42x42CM

萬象更新　　32x41CM（初稿原刊數位典藏）

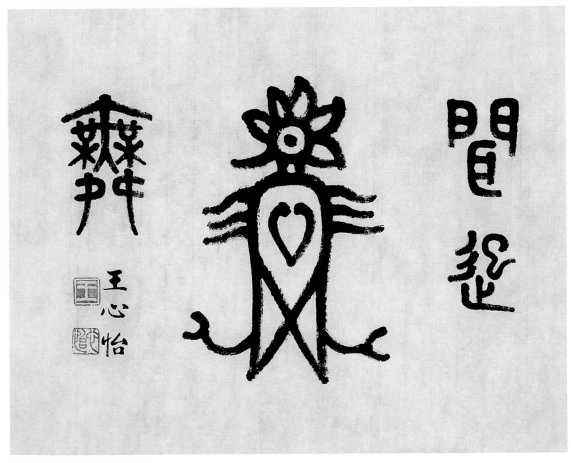

聞雞起舞　　35x44CM

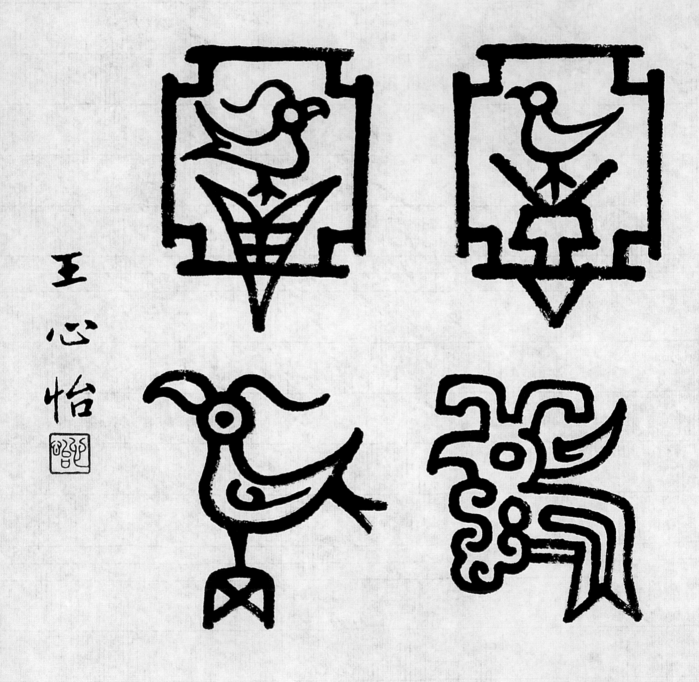

王心怡

亞𤔲鳳　亞離　35x32CM

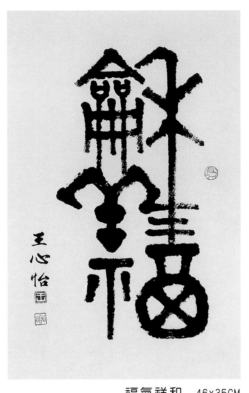

福氣祥和　46x35CM

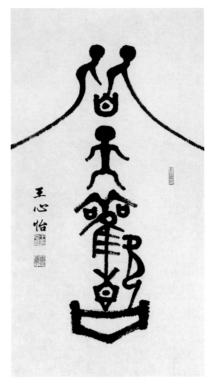

皆大歡喜　55x27CM

遊於藝　33x40CM

保　34x30CM

鹿鳴　41x33CM

三人行　必有我師　40x31CM

如魚得水　43x32CM（初稿原刊數位典藏）

萬家鐙火　33x26CM（初稿原刊數位典藏）

40

相濡以沫　47x30CM

風虎雲龍　40x31CM

為學日益　為道日損　80x33CM

車水馬龍　43x33CM

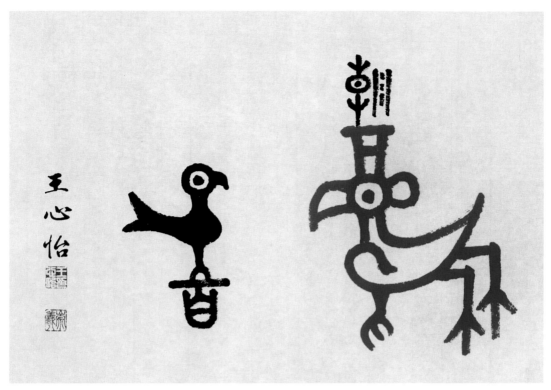

百鳥朝鳳　39x31CM

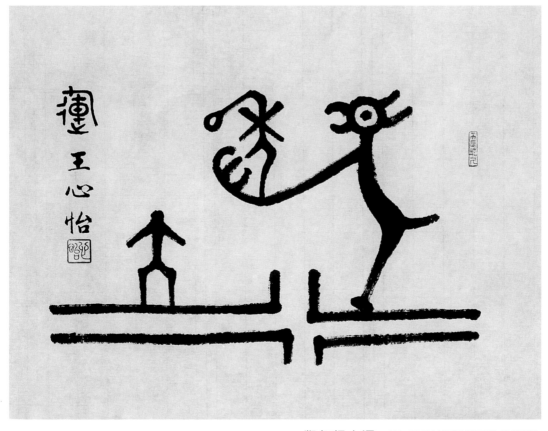

猴年行大運　37x29CM（初稿原刊數位典藏）

五福（蝠）臨門　43x38CM

萬法唯心　38x29CM

學無止境　35x27CM

五福〔虎〕行運　43x37CM

福祿壽喜　37x29CM

保國安民　35x23CM

大車以載　35x40CM

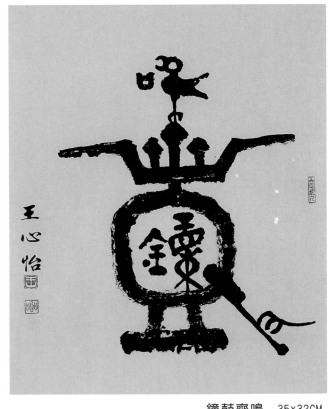

鐘鼓齊鳴　35x32CM

六龍御天　43x35CM

虎年行大運　33x43CM

宜家宜室　43x33CM

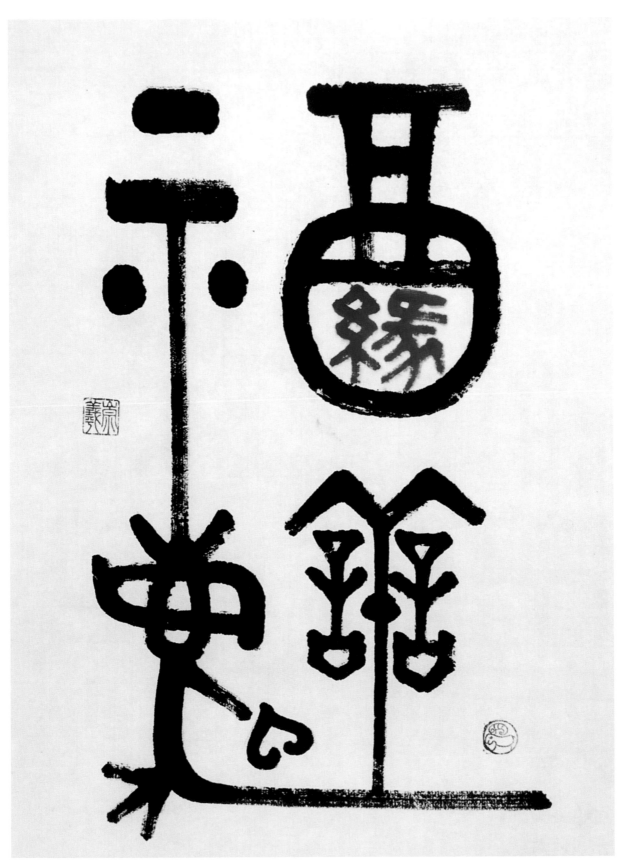

福緣善慶　42x32CM

高山仰止 景行行止　41x33CM

飲食宴〔燕〕樂　37x30CM

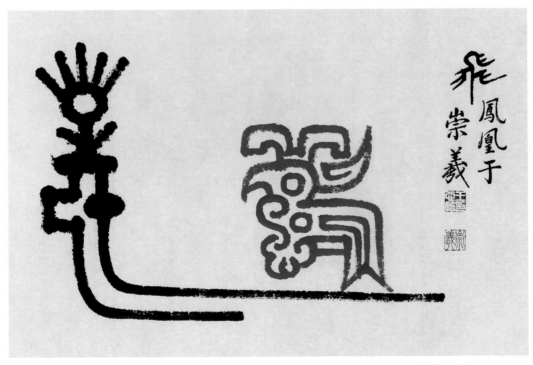

鳳凰于飛　46x35CM

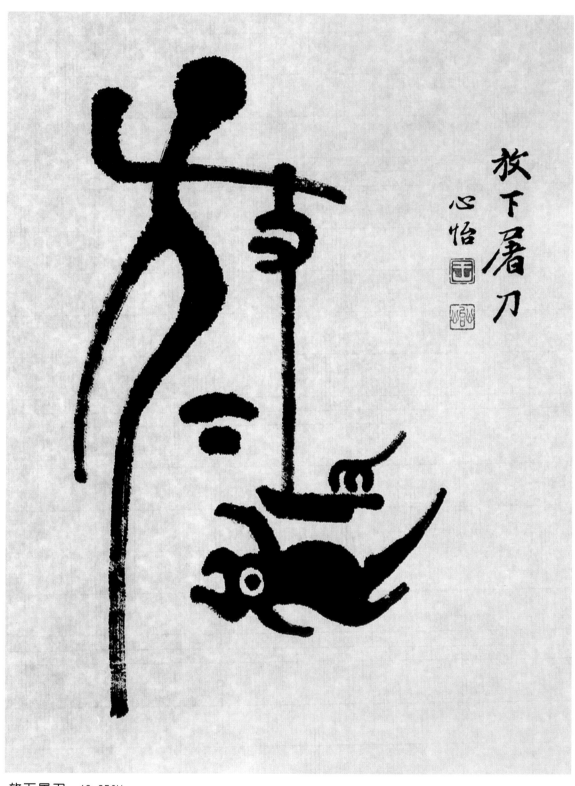

放下屠刀　46x35CM

調虎離山　34x44CM

我有好爵　與爾靡之　42x33CM

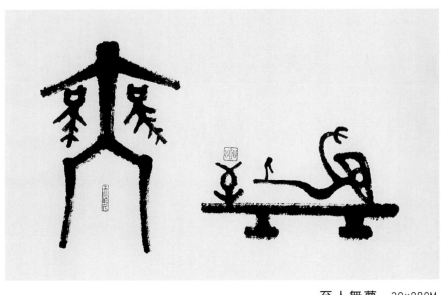

至人無夢　39x28CM

魚躍龍門　40x31CM（初稿原刊數位典藏）

明心見性　38x28CM（初稿原刊數位典藏）

旅貞吉　63x27CM（初稿原刊數位典藏）

上善若水　45x26CM

王心怡

狗來富　43x31CM

56

高山流水　42x33CM（初稿原刊數位典藏）

坐忘心齋　37x30CM

開門見山　29x41CM（初稿原刊數位典藏）

魚米之鄉　31x40CM

龍潭虎穴　38x31CM（初稿原刊數位典藏）

58

和光同塵　40x31CM

天下為公　37x27CM

一帆風順　37x29CM

山中何所有　領上多白雲　39x31CM（初稿原刊數位典藏）

60

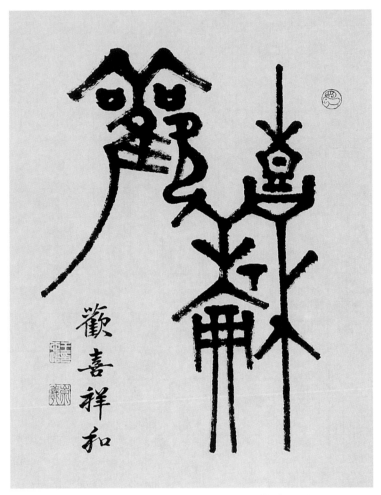

歡喜祥和　39x30CM

萬福吉祥　34x46CM

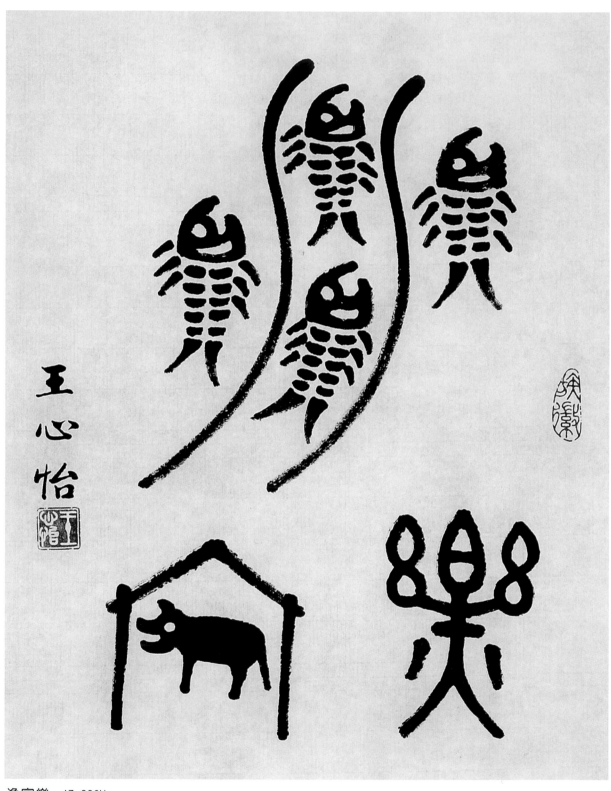

漁家樂　47x33CM

觀自在　38x28CM

浮生若夢　35x26CM

獸聚鳥散　35x30CM（初稿原刊數位典藏）

鹿方鼎　45x30CM

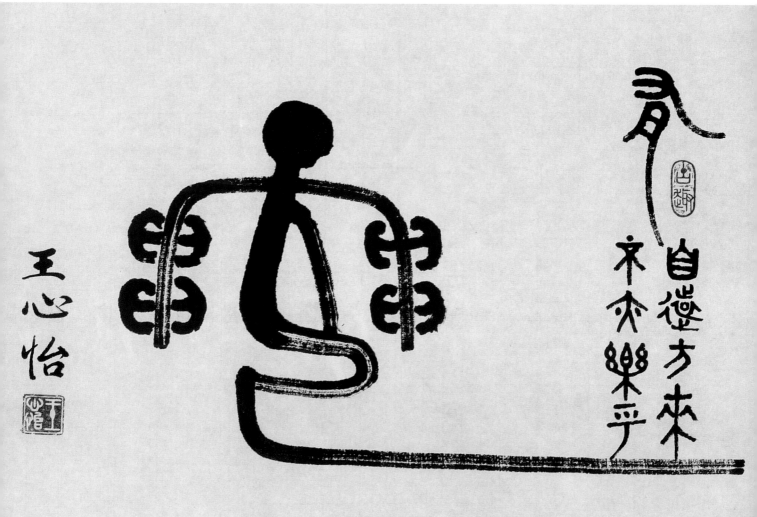

有朋自遠方來不亦樂乎　38x28CM

百聞不如一見　41x26CM

金雞報喜　54x34CM

飛龍在天　26x55CM
（初稿原刊數位典藏）

洪福齊天　27x27CM

龍鳳呈祥　26x55CM

物競天擇　22x48CM

四靈　35x35CM

三陽（羊）開泰　25x52CM

年年有魚　25x53CM

花好月圓　27x27CM

諸〔豕〕事如意　23x49CM

惜福〔蝠〕　22x45CM

祝福　35x35CM

鹿苑長春　20x43CM

詩經 關雎　25x53CM
關關雎鳩 在河之洲
窈窕淑女 君子好逑

詩經 桃夭　27x27CM
桃之夭夭 灼灼其華
之子于歸 宜其室家

周易 中孚　23x49CM
鳴鶴在陰 其子和之
我有好爵 與爾靡之

集商周圖形文字 庚寅仲春王心怡

集商周徽號文字　137X58CM

春風化雨　45×13CM

疾風知勁草　110×23CM

牛轉乾坤　129x35CM

樂天知命　135x33CM

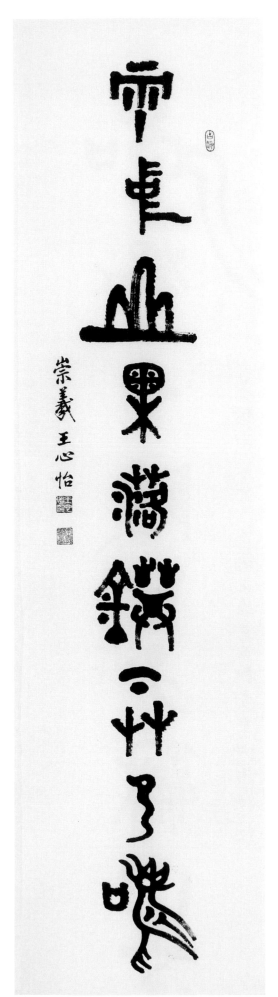

雨中山果落　鐙下草蟲鳴　135x35CM

月出驚山鳥　時鳴春澗中　135x35CM

長虹銜近水　明月見遠山　135x35CM

鳴鶴在陰　其子和之　135x33CM

美夢成真　43x13CM

心無所住　135x35CM

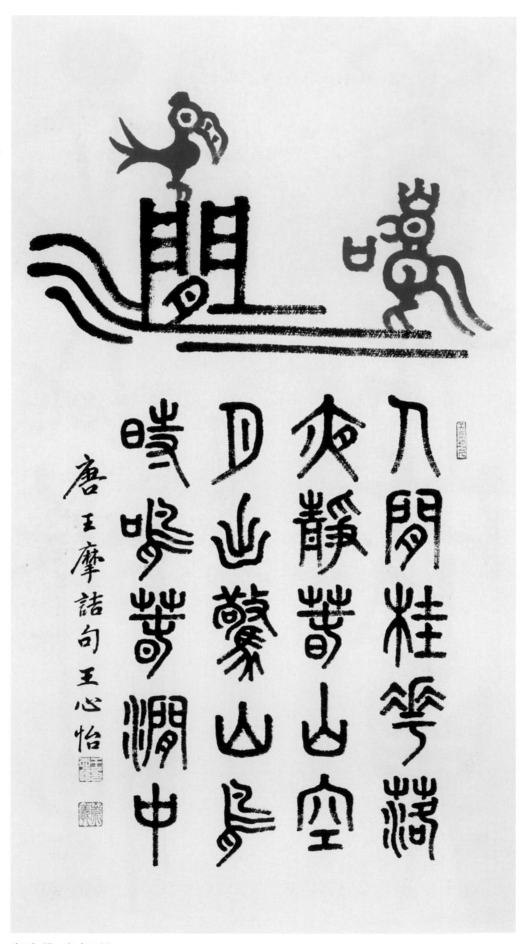

鳥鳴澗 唐／王維　62x32CM（圖像文字-鳥鳴澗）
人閒桂花落 夜靜春山空 月出驚山鳥 時鳴春澗中

結廬在人境　而無車馬喧
問君何能爾　心遠地自偏
採菊東籬下　悠然見南山
山氣日夕佳　飛鳥相與還
此中有真意　欲辯已忘言

飲酒詩　東晉／陶淵明　100x35CM
（圖像文字-飲酒）

結廬在人境　而無車馬喧
問君何能爾　心遠地自偏
採菊東籬下　悠然見南山
山氣日夕佳　飛鳥相與還
此中有真意　欲辯已忘言

唐白居易句 王心怡

問劉十九 唐/白居易
62x39CM（圖像文字-饗）
綠螘新醅酒 紅泥小火爐
晚來天欲雪 能飲一杯無

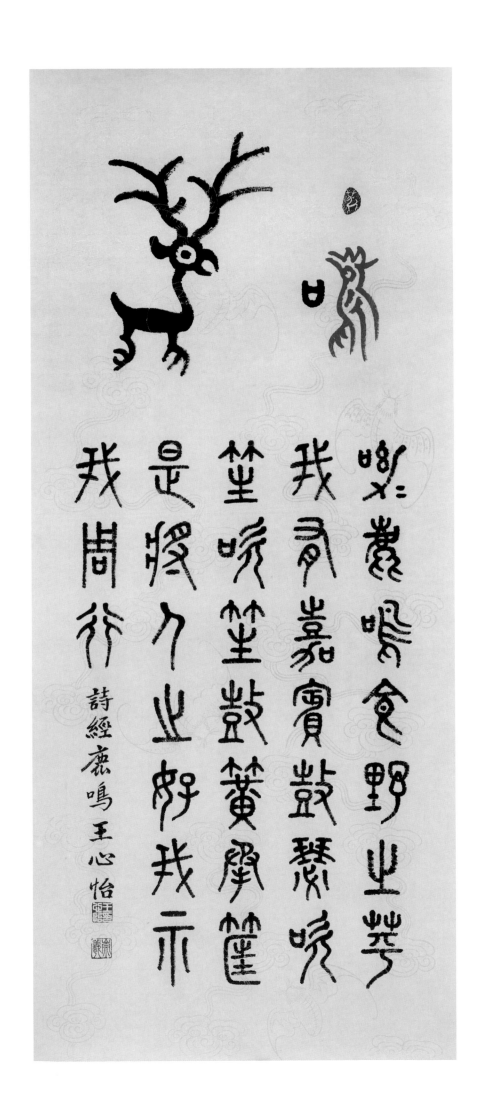

詩經 鹿鳴　75x33CM

（圖像文字-鹿鳴）

呦呦鹿鳴　食野之苹
我有嘉賓　鼓瑟吹笙
吹笙鼓簧　承筐是將
人之好我　示我周行

集商卜文詩　錢塘丁輔之　93x28CM（圖象文字　魚家樂）

漁父歸來載夕陽　維舟盡在柳絲鄉　呼朋約友魚家樂　自得壺中日月長

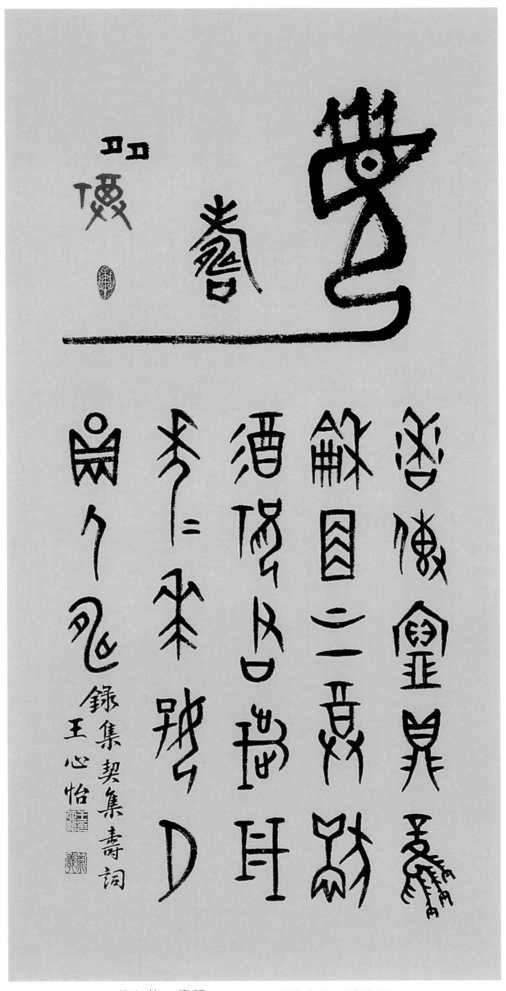

集契集　壽詞　68x35CM（圖象文字　眉壽多福）

香傳寶鼎風和　席上一尊獻酒　祝君歲歲年年　花好月圓人壽

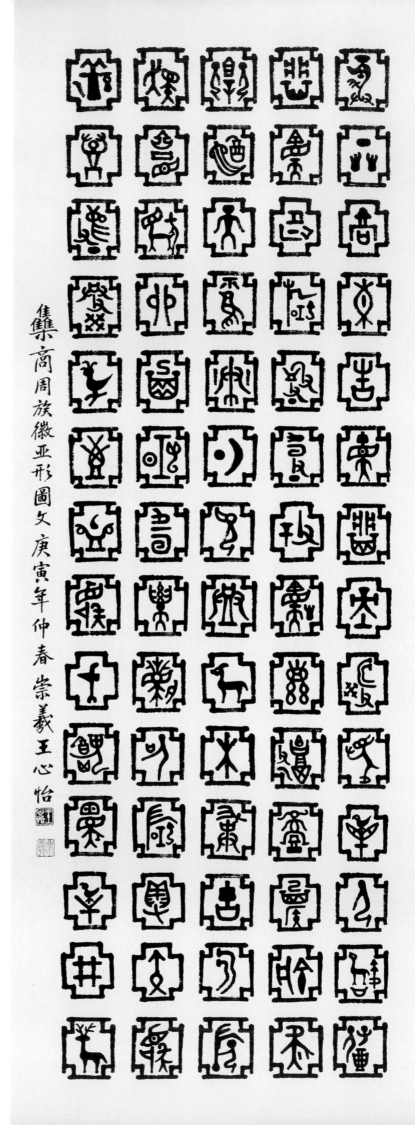

集商周亞形圖文　138x51CM

圖象文字　178x72CM
游於藝　月魚几　百鳥朝鳳　明心見性
聞雞起舞　三羊開泰　執大象天下往
解牛　萬家鐙火　鹿鳴

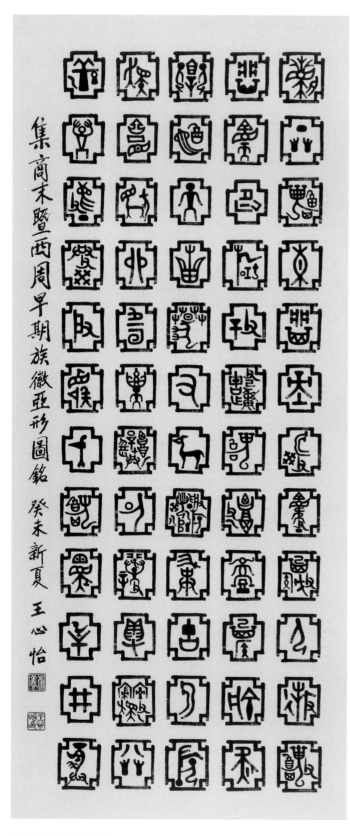

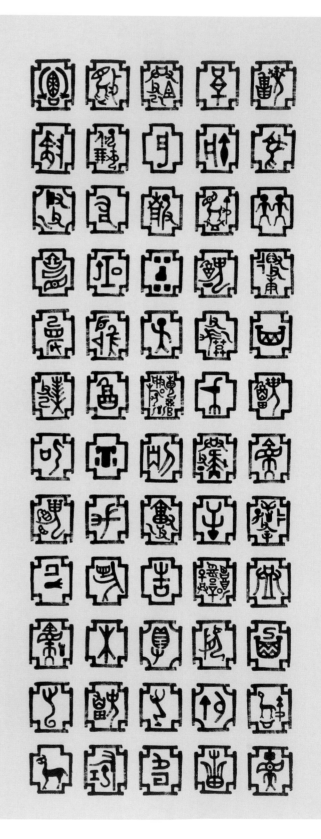

集商末暨西周早期族徽亞形圖銘 癸未新夏 王心怡

集商周亞形銘文　　四屏條/180x60CM

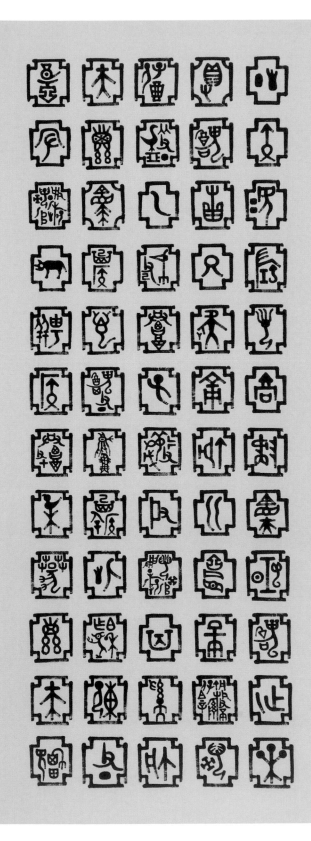

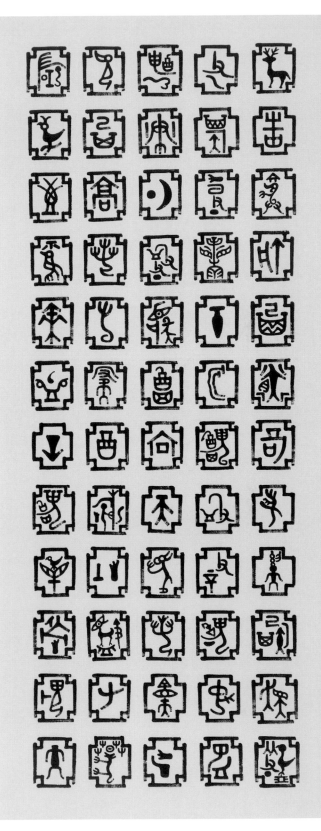

說文解字五百四十部首　六屏條／135X35CM／釋文參見第91頁

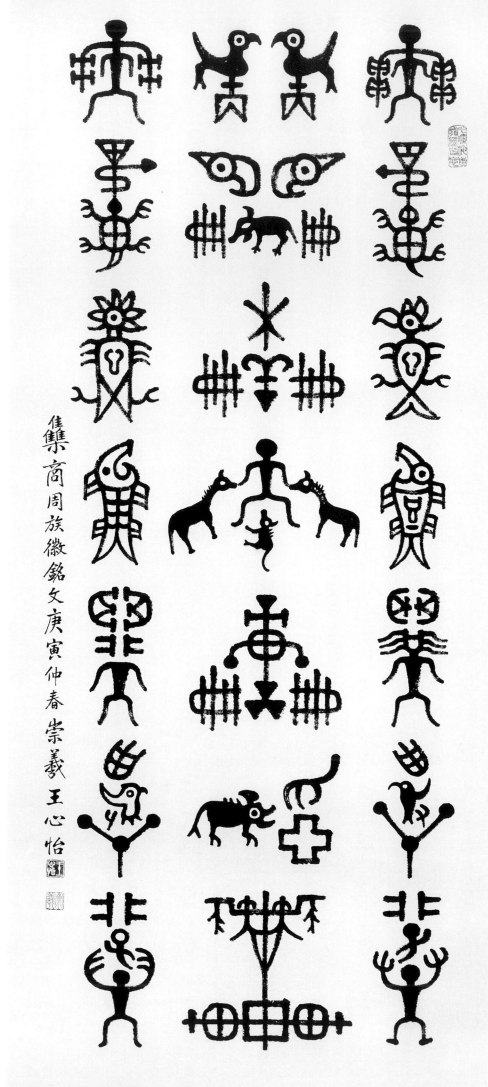

集商周族徽銘文　138×58CM

佣𠂤龜雞魚耴髭西隻單𡩡
𪊽𣂤冊木羊冊豕馬𪊽冊亞豕車
佣𠂤龜雞魚耴兜西隻單𡩡

千字文 180X48CM

天地玄黃 宇宙洪荒 日月盈昃 辰宿列張 寒來暑往 秋收冬藏 閏餘成歲 律呂調陽 雲騰致雨 露結為霜 金生麗水 玉出崑岡 劍號巨闕 珠稱夜光 菓珍李柰 菜重芥薑 海鹹河淡 鱗潛羽翔 龍師火帝 鳥官人皇
始制文字 乃服衣裳 推位讓國 有虞陶唐 弔民伐罪 周發殷湯 坐朝問道 垂拱平章 愛育黎首 臣伏戎羌 遐邇壹體 率賓歸王 鳴鳳在樹 白駒食場 化被草木 賴及萬方 蓋此身髮 四大五常 恭惟鞠養 豈敢毀傷
女慕貞絜 男效才良 知過必改 得能莫忘 罔談彼短 靡恃己長 信使可覆 器欲難量 墨悲絲染 詩讚羔羊 景行維賢 剋念作聖 德建名立 形端表正 空谷傳聲 虛堂習聽 禍因惡積 福緣善慶 尺璧非寶 寸陰是競
資父事君 曰嚴與敬 孝當竭力 忠則盡命 臨深履薄 夙興溫凊 似蘭斯馨 如松之盛 川流不息 淵澄取映 容止若思 言辭安定 篤初誠美 慎終宜令 榮業所基 藉甚無竟 學優登仕 攝職從政 存以甘棠 去而益詠
樂殊貴賤 禮別尊卑 上龢下睦 夫唱婦隨 外受傳訓 入奉母儀 諸姑伯叔 猶子比兒 孔懷兄弟 同氣連枝 交友投分 切磨箴規 仁慈隱惻 造次弗離 節義廉退 顛沛匪虧 性靜情逸 心動神疲 守真志滿 逐物意移
堅持雅操 好爵自縻 都邑華夏 東西二京 背邙面洛 浮渭據涇 宮殿盤鬱 樓觀飛驚 圖寫禽獸 畫綵僊靈 丙舍傍啟 甲帳對楹 肆筵設席 鼓瑟吹笙 升階納陛 弁轉疑星 右通廣內 左達承明 既集墳典 亦聚群英
杜稿鍾隸 漆書壁經 府羅將相 路夾槐卿 戶封八縣 家給千兵 高冠陪輦 驅轂振纓 世祿侈富 車駕肥輕 策功茂實 勒碑刻銘 磻溪伊尹 佐時阿衡 奄宅曲阜 微旦孰營 桓公匡合 濟弱扶傾 綺迴漢惠 說感武丁
俊乂密勿 多士寔寧 晉楚更霸 趙魏困橫 假途滅虢 踐土會盟 何遵約法 韓弊煩刑 起翦頗牧 用軍最精 宣威沙漠 馳譽丹青 九州禹跡 百郡秦并 嶽宗恒岱 禪主云亭 雁門紫塞 雞田赤城 昆池碣石 鉅野洞庭
曠遠綿邈 巖岫杳冥 治本於農 務茲稼穡 俶載南畝 我藝黍稷 稅熟貢新 勸賞黜陟 孟軻敦素 史魚秉直 庶幾中庸 勞謙謹勅 聆音察理 鑑貌辯色 貽厥嘉猷 勉其祗植 省躬譏誡 寵增抗極 殆辱近恥 林皋幸即
兩疏見機 解組誰逼 索居閑處 沈默寂寥 求古尋論 散慮逍遙 欣奏累遣 感謝歡招 渠荷的歷 園莽抽條 枇杷晚翠 梧桐早凋 陳根委翳 落葉飄颻 游鵾獨運 凌摩絳霄 耽讀翫市 寓目囊箱 易輶攸畏 屬耳垣牆
具膳餐飯 適口充腸 飽飫烹宰 飢厭糟糠 親戚故舊 老少異糧 妾御績紡 侍巾帷房 紈扇圓潔 銀燭煒煌 晝眠夕寐 藍筍象床 絃歌酒燕 接杯舉觴 矯手頓足 悅豫且康 嫡後嗣續 祭祀烝嘗 稽顙再拜 悚懼恐惶
箋牒簡要 顧答審詳 骸垢想浴 執熱願涼 驢騾犢特 駭躍超驤 誅斬賊盜 捕獲叛亡 布射遼丸 嵇琴阮嘯 恬筆倫紙 鈞巧任鈞 釋紛利俗 並皆佳妙 毛施淑姿 工顰妍笑 年矢每催 曦暉朗曜 璇璣懸斡 晦魄環照
指薪修祜 永綏吉劭 矩步引領 俯仰廊廟 束帶矜莊 徘徊瞻眺 孤陋寡聞 愚蒙等誚 謂語助者 焉哉乎也坤

中山王嚳鼎銘（釋文引用東周鳥篆文字編）180X48CM

一 隹十四年，中山王嚳作鼎，于銘曰：於虖，語不悖哉！寡人聞之，與其沒於人也，寧沒於淵。昔者，燕君子噲，叡弇夫悟，䛊為人宗，見於天下之物矣，猶迷惑於子之而亡其邦，
二 為天下戮，而皇才於𡻮君虖？昔者，吾先考成王早棄群臣，寡人幼童未通智，隹傅姆是從。天降休命于朕邦，有氒忠臣賙，克順克卑，亡不率仁，敬順天德，以左右寡人，使知社稷之任，臣宗之義，夙夜
不懈，以詳導
三 寡人。今余方壯，知天若否，論其德，省其行，亡不順道。考度惟型。於虖欣哉！社稷其庶虖！氒業載祇。寡人聞之，事少如長，事愚如智，此易言而難行也。非信與忠，其誰能之？其誰能之？惟吾老賙
是克行之。於虖攸哉！天其有刑，
四 于在氒邦，是以寡人委任之邦，而去之遊。亡懅惕之慮。昔者，吾先祖桓王、昭考成王，身勤社稷，行四方以憂勞邦家。今吾老賙親率參軍之眾，以征不義之邦，奮桴振鐸，闢啟封疆，方數百里，列城數
十，克敵大邦。
五 寡人庸其德、嘉其力：是以賜之氒命：雖有死辠，及參世。亡不赦，以明其德、庸其功。吾老賙奔走不聽命。寡人懼其忽然不可得，憚憚憛憛，恐隕社稷之光，是以寡人許之，謀慮皆從，克有功，智也。
詒死辠之有赦，知為人臣之
六 義也。於虖，念之哉！後人其庸用之，毋忘尔邦。昔者吳人并越，越人修教備信，五年覆吳，克并之至于今。尔毋大而肆，毋富而驕，毋眾而囂、鄰邦難親，仇人在旁。於虖，念之哉！子子孫孫，永定保
之，毋替氒邦。

說文解字五百四十部首 135X35CM

一 一丄示三王玉玨气士丨屮艸蓐茻小八釆半牛犛告口凵吅哭走止癶步此正是辵彳廴㢟行齒牙足疋品龠冊㗊舌干𧮫只㕯句丩古十卅言誩音䇂丵菐廾𠬜共異舁𦥑晨爨革鬲䰜爪丮鬥又
二 𠂇史支聿聿畫隶臤臣殳殺几寸皮㼱攴教卜用爻㸚𡕥目䀠眉盾自白鼻皕習羽隹奞萑𦫳𥄕羊羴瞿雔雥鳥烏𠦒冓幺𢆶叀玄予放𠬪𣦼歺死冎骨肉筋刀刃㓞丯耒角竹箕丌左工㠭巫甘旨曰乃丂可兮号亏喜壴鼓豈豆豊豐
䖒虍虎虤皿凵去
三 血丶丹青井皀鬯食亼會倉入缶矢高冂𩫏京亯㫗畗㐭嗇來麥夊舛舜韋弟夂久桀木東林才叒之帀出𣎵生乇𠂹𠌶華𥝌稽巢桼束㯻囗員貝邑𨛜日旦倝㫃冥晶月有朙囧夕多毌𢎘𣐺卤齊朿片鼎克彔禾秝黍香米毇臼凶
朩𣏟麻尗耑韭瓜瓠
四 宀宮呂穴㝱疒冖𠔼冃㒳网襾巾巿帛白㡀黹人𠤎匕从比北丘㐺𡈼重臥身㐆衣裘老毛毳尸尺尾履舟方儿兄兂皃𠑹先秃見覞欠㱃㳄旡頁𦣻面丏首𥄉須彡彣文髟后司卮卩印色卯辟勹包茍鬼甶厶嵬山屾屵广厂丸危石
長勿冉而豕㣇彑
五 豚豸𢑚易象馬𢊁鹿麤㲋兔萈犬㹜鼠能熊火炎黑囪焱炙赤大亦矢夭交尣壺壹㚔奢亢夲夰亣夫立竝囟思心惢水沝瀕𡿨巜川泉灥永𠂢谷仌雨雲魚𩺰燕龍飛非卂乚不至西鹵鹽戶門耳𦣝手𠦬女毋民丿厂乁氏氐戈戉我
亅琴
六 𠃊亡匸匚曲甾瓦弓弜弦系糸素絲率虫䖵蟲風它龜黽卵二土垚堇里田畕黃男力劦金幵勺几且斤斗矛車𠂤𨸏𨺅厽四宁叕亞五六七九禸嘼甲乙丙丁戊己巴庚辛辡壬癸子了孨𠫓丑寅卯辰巳午未申酉酋戌亥

己丑仲夏

崇義 王心怡

（六）

象萬今少田 龍 藝（林冊） 佣媚融鳴象（天冊）毒鼉銜戈
（雛冊） 豪輪車 寇魚靐桃鹿

集雙商周早期族徽 王心怡

（五）

葬廠 虎鴻竟 旅 （冊） 顯
（目米）州逆受（亞明） 冉馬 豕 犬 鳳

（四）

（三）

（西隻軍）𣪠帝𩵋𢆶𨇤𣏟（亞臭）　（□工）好跳兔衛𣬈（冒冊）𢓊保翌
蟬又眉酉𤔲隻寸𢓊（亞皮）皇　𦥑𢆶奴𤔲𣸪𨒪𣏟𣏟

（佣舟）咸𢆶監慈𡆥𢆶光𣏟　　華龜行𢓊保𪚥名爵𢆶
（木羊冊）鳥机𩰪鳥（亞獎）羊𧷦𢆶交　𢆍𢓊𤔲史需皇字專何

集商周圖形銘文

六屏條 /135x50CM

（二）
（巺▼己）受（西單）門鼑令鼑車鼑雞　刻鼑鼑餘酉鼑舌愛山（卒旅）
飲鼑炒車籠鼑車鼑纁牛　鹵龜鼑鼑重鼑秉（巺▼己）鼑

（一）
龍鼑鼑子園晶丰西鼑　鼑得鼑鼑鼑（半冊）鼑眤此覃
鼑（鑄）鼑鼑酣魚家鼑蝠盄　鼑饕圓集徙旟鼑褏畐畢

集思廣益(水墨)　39X29CM

夢幻泡影(水墨)　42X28CM

雞犬相聞(水墨)　28X34CM

母愛(水墨) 39X29CM

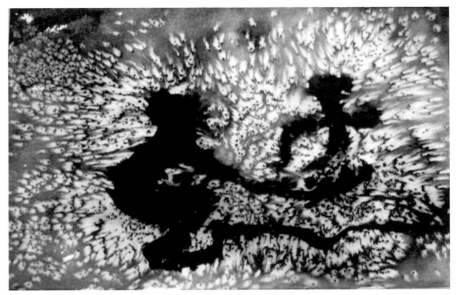

保（水墨）　39X29CM

好（好事成雙）（水彩）　39X29CM

生命的樂章（水彩）　60X40CM

鹿鳴（水彩） 39X29CM

龜齡（水墨） 39X29CM

靈（水彩） 60X40CM

饗（水彩） 39X29CM

遊于藝（版畫） 40X34CM

聽禪〔蟬〕(版畫) 48X35CM

三陽〔羊〕開泰(版畫) 60X40CM

圖形篆刻：常用印

遊於(于)藝

惜福(蝠)

王心怡

象

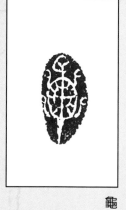
龜

龍

鳳

魚

鹿

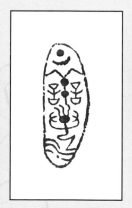
上善若水

聽禪(蟬)

羊

正大光明

山中何

應用藝術類

 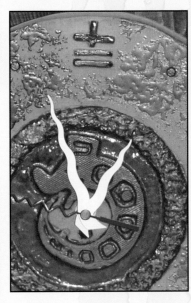 

燈、陶瓷、掛鐘、珠寶、陶版

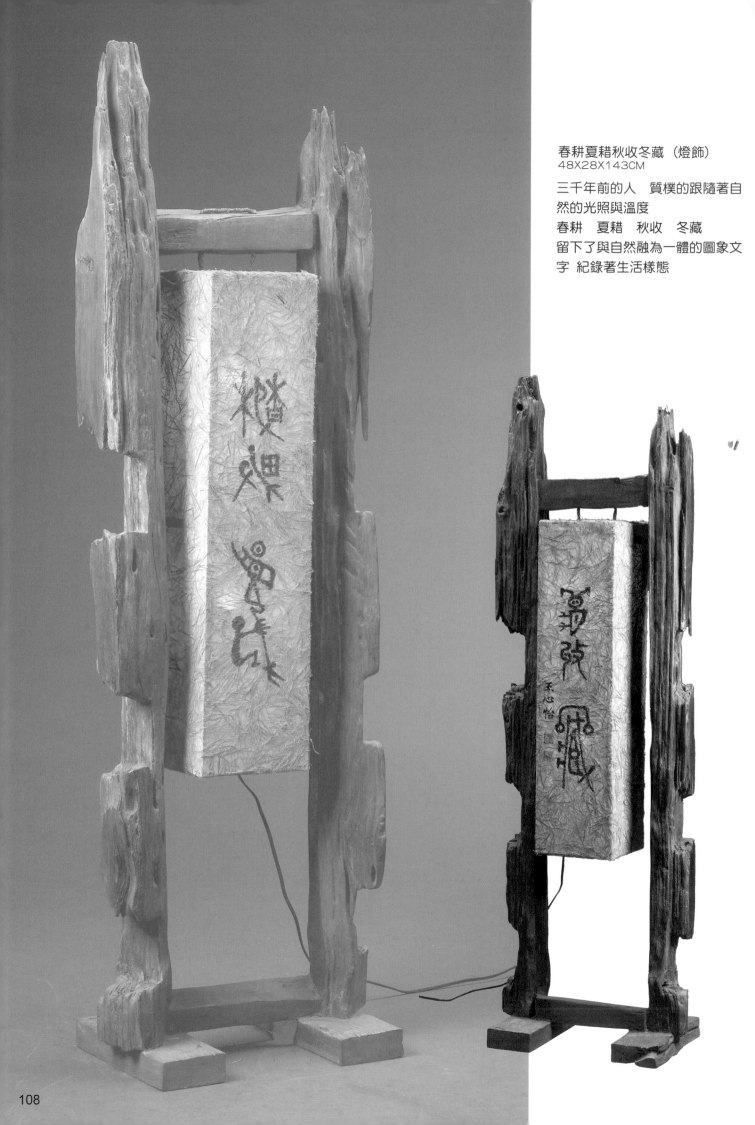

春耕夏耨秋收冬藏 （燈飾）
48X28X143CM

三千年前的人　質樸的跟隨著自
然的光照與溫度
春耕　夏耨　秋收　冬藏
留下了與自然融為一體的圖象文
字　紀錄著生活樣態

萬象更新(陶版)　36X11X45CM　/　福緣善慶(陶版)　30X13X65CM

- 感謝陶藝家蕭巨杰老師協助製作 -

好時光圓滿（陶鐘）　53X42CM

滴答　滴答　滴答　好時光　在分秒的滴答聲中　運育著生命　朝向圓滿豐富　圓滿的生命
循著光陰粹煉　刻劃出好壞時光　交融的軌跡　滴答　滴答　滴答　三千年不變的法則

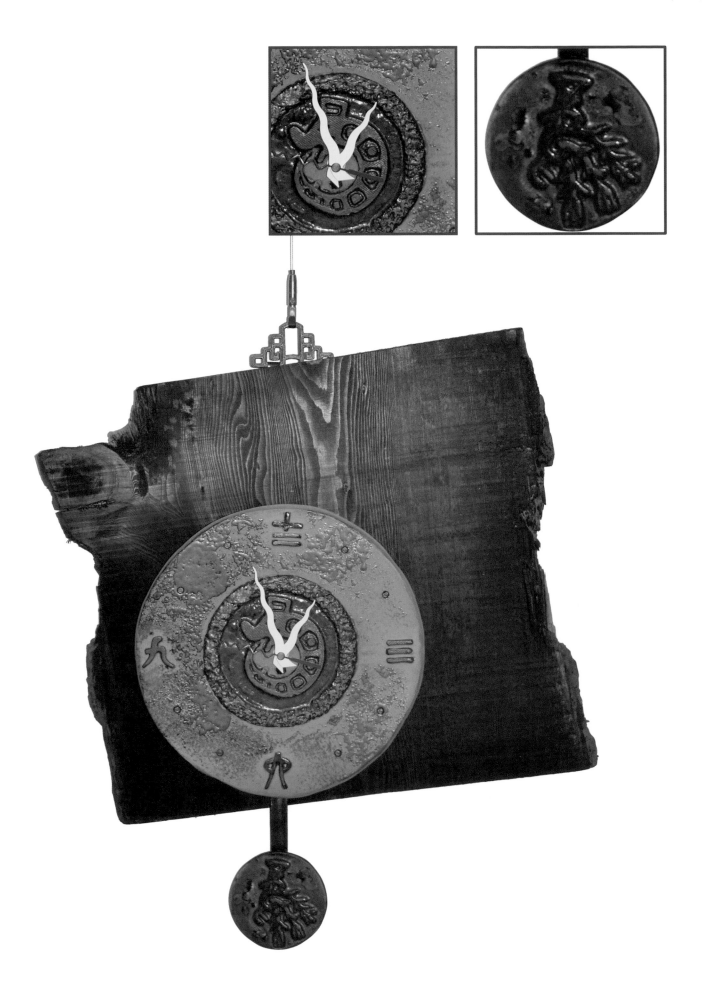

龍鳳（陶鐘） 49X43CM

惜福〔蝠〕　23X46CM

飛龍在天　23X46CM

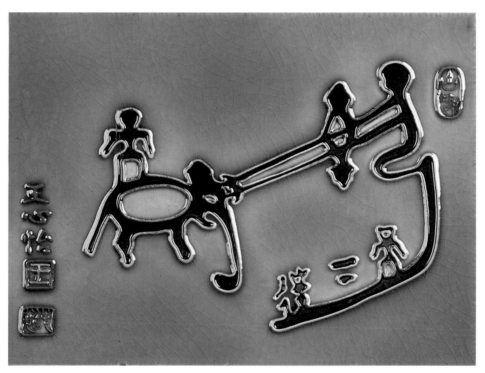

執大象天下往（磁版）　48X35CM

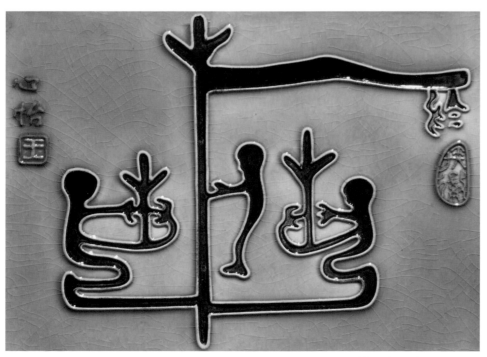

遊於藝（磁版）　48X35CM

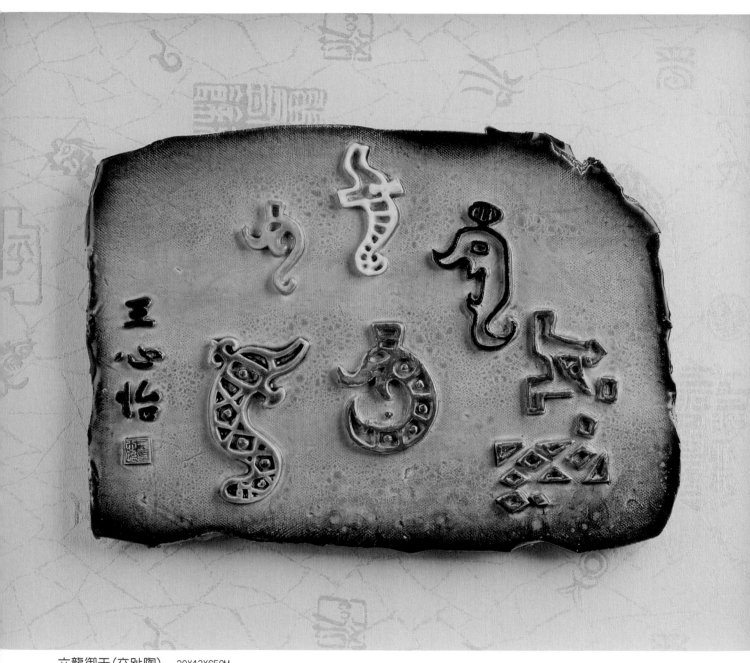

六龍御天（交趾陶）　　30X13X65CM

－ 感謝陶藝家吳良斌老師協助製作 －

114

三陽〔羊〕開泰（交趾陶）　37X24CM

四靈（交趾陶）　37X26CM

萬家鐙火（交趾陶）　36X22CM

花好月圓 8X9CM　　　上善若水 9X11CM　　　保 8X9CM

饗宴（燕）8X10CM　　鹿鳴 5X11CM　　有朋自遠方來不亦樂乎 9X11CM　　觀自在 6X12CM

圖形文字（青磁茶碗）

- 感謝織谷股份有限公司協助製作 -

圖形文字（青磁茶碗）

- 感謝織谷股份有限公司協助製作 -

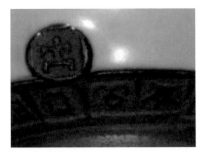

商周圖形文字

　　三千年前老祖宗的智慧。文字學家們從古籍、文物中重現圖形文字的風采。將圖形文字刻印在青磁茶碗外緣，每當品茗掬水聞香之時，指尖略過、手中握著的是幾千年來人類智慧的文化結晶。讓手中握著的文化世世代代傳承下去。

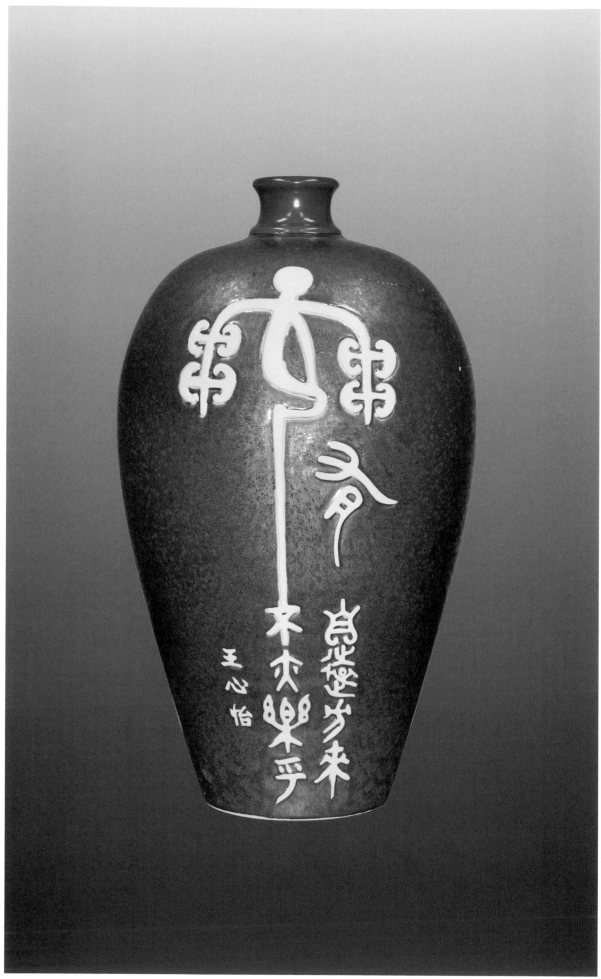

有朋自遠方來不亦樂乎　43X43CM

皆大歡喜　43X34CM

我有好爵　與爾靡之　32X42CM

保 － 永保平安

－ 感謝漢字珍寶蔡漁老師協助製作 －

牛 – 牛轉乾坤

雞 – 金雞獨立

眉 – 眉目傳情

省 – 自省